JANUARY
2022
SUNDAY
MONDAY
TUESDAY
WEDNESDAY
THURSDAY
FRIDAY
SATURDAY
1
New Year's Day
2
3
4
5
6
7
8
9
New Year's Day
10
11
12
13
14
15
16
17
18
19
20
21
22
23
24
25
26
27
28
29

ANCHI

2021

SEPTEMBER

SUNDAY	MONDAY	TUESDAY	WEDNESDAY	THURSDAY	FRIDAY	SATURDAY
			1	2	3	4
5	6	7	8	9	10	11
12	13	14	15	16	17	18
19	20	21	22	23	24	25
26	27	28	29	30		

OCTOBER

SUNDAY	MONDAY	TUESDAY	WEDNESDAY	THURSDAY	FRIDAY	SATURDAY
					1	2
3	4	5	6	7	8	9
10	11 Columbus Day	12	13	14	15	16
17	18	19	20	21	22	23
24	25	26	27	28	29	30

NOVEMBER

SUNDAY	MONDAY	TUESDAY	WEDNESDAY	THURSDAY	FRIDAY	SATURDAY
31 Halloween	1	2 Election Day	3	4	5	6
7	8	9	10	11 Veteran's Day	12	13
14 Daylight Savings Time Ends	15	16	17	18	19	20
21	22	23	24	25	26 Thanksgiving Day	27
28	29	30				

DECEMBER

SUNDAY	MONDAY	TUESDAY	WEDNESDAY	THURSDAY	FRIDAY	SATURDAY
			1	2	3	4
5	6	7 Pearl Harbor Remembrance Day	8	9	10	11
12	13	14	15	16	17	18
19	20	21 First Day Of Winter	22	23	24 Christmas EVE	25 Christmas
26	27	28	29	30	31 New Year's EVE	

JANUARY 2022

February 2022

S	M	T	W	T	F	S
		1	2	3	4	5
6	7	8	9	10	11	12
13	14	15	16	17	18	19
20	21	22	23	24	25	26
27	28					

SUNDAY	MONDAY	TUESDAY	WEDNESDAY	THURSDAY	FRIDAY	SATURDAY
						1 New Year's Day
2 New Year's Day	3	4	5	6	7	8
9	10	11	12	13	14	15
16	17	18	19	20	21	22
23	24	25	26	27	28	29

LOI

FEBRUARY 2022

March 2022

S	M	T	W	T	F	S
		1	2	3	4	5
6	7	8	9	10	11	12
13	14	15	16	17	18	19
20	21	22	23	24	25	26
27	28	29	30	31		

SUNDAY	MONDAY	TUESDAY	WEDNESDAY	THURSDAY	FRIDAY	SATURDAY
30	31	1	2 Groundhog Day	3	4	5
6	7	8	9	10	11	12 Lincoln's Birthday
13	14 Valentine's Day	15	16	17	18	19
20	21	22 Washington's Birthday	23	24	25	26
27	28					

2022

10	11	12	13	14	15	16
17	18	19	20	21	22	23
24	25	26	27	28	29	30

SUNDAY	MONDAY	TUESDAY	WEDNESDAY	THURSDAY	FRIDAY	SATURDAY
		1	2	3	4	5
6	7	8	9	10	11	12
13	14	15	16	17	18	19
20	21	22	23	24	25	26
27	28	29	30	31		

181

APRIL 2022

May 2022

S	M	T	W	T	F	S
1	2	3	4	5	6	7
8	9	10	11	12	13	14
15	16	17	18	19	20	21
22	23	24	25	26	27	28
29	30	31				

SUNDAY	MONDAY	TUESDAY	WEDNESDAY	THURSDAY	FRIDAY	SATURDAY
					1 April Fool's Day	2
3	4	5	6	7	8	9
10	11	12	13	14	15	16
17	18	19	20	21	22	23
24	25	26	27	28	29	30

LANCON
CANTY

MAY 2022

June 2022

S	M	T	W	T	F	S
			1	2	3	4
5	6	7	8	9	10	11
12	13	14	15	16	17	18
19	20	21	22	23	24	25
26	27	28	29	30		

SUNDAY	MONDAY	TUESDAY	WEDNESDAY	THURSDAY	FRIDAY	SATURDAY
1	2	3	4	5 Cinco De Mayo	6	7
8 Mother's Day	9	10	11	12	13	14
15	16	17	18	19	20	21
22	23	24	25	26	27	28
29	30	31				

JUNE 2022

July 2022

S	M	T	W	T	F	S
31					1	2
3	4	5	6	7	8	9
10	11	12	13	14	15	16
17	18	19	20	21	22	23
24	25	26	27	28	29	30

SUNDAY	MONDAY	TUESDAY	WEDNESDAY	THURSDAY	FRIDAY	SATURDAY
			1	2	3	4
5	6	7	8	9	10	11
12	13	14	15	16	17	18
19 Father's Day	20	21	22	23	24	25
26	27	28	29	30		

LICHTLOOPEND
BETROUWBAAR

2022

14	15	16	17	18	19	20
21	22	23	24	25	26	27
28	29	30	31			

SUNDAY	MONDAY	TUESDAY	WEDNESDAY	THURSDAY	FRIDAY	SATURDAY
					1	2
3	4 Independence Day	5	6	7	8	9
10	11	12	13	14	15	16
17	18	19	20	21	22	23
24	25	26	27	28	29	30

AUGUST 2022

September 2022

S	M	T	W	T	F	S
				1	2	3
4	5	6	7	8	9	10
11	12	13	14	15	16	17
18	19	20	21	22	23	24
25	26	27	28	29	30	

SUNDAY	MONDAY	TUESDAY	WEDNESDAY	THURSDAY	FRIDAY	SATURDAY
31	1	2	3	4	5	6
7	8	9	10	11	12	13
14	15	16	17	18	19	20
21	22	23	24	25	26	27
28	29	30	31			

SEPTEMBER 2022

October 2022						
S	M	T	W	T	F	S
30	31					1
2	3	4	5	6	7	8
9	10	11	12	13	14	15
16	17	18	19	20	21	22
23	24	25	26	27	28	29

SUNDAY	MONDAY	TUESDAY	WEDNESDAY	THURSDAY	FRIDAY	SATURDAY
				1	2	3
4	5	6	7	8	9	10
11 Patriot Day	12	13	14	15	16	17
18	19	20	21	22	23	24
25	26	27	28	29	30	

PEUGEOT
P F

OCTOBER 2022

November 2022

S	M	T	W	T	F	S
		1	2	3	4	5
6	7	8	9	10	11	12
13	14	15	16	17	18	19
20	21	22	23	24	25	26
27	28	29	30			

SUNDAY	MONDAY	TUESDAY	WEDNESDAY	THURSDAY	FRIDAY	SATURDAY
						1
2	3	4	5	6	7	8
9	10	11	12	13	14	15
16	17	18	19	20	21	22
23	24	25	26	27	28	29

NOVEMBER 2022

December 2022

S	M	T	W	T	F	S
				1	2	3
4	5	6	7	8	9	10
11	12	13	14	15	16	17
18	19	20	21	22	23	24
25	26	27	28	29	30	31

SUNDAY	MONDAY	TUESDAY	WEDNESDAY	THURSDAY	FRIDAY	SATURDAY
30	31 Halloween	1	2	3	4	5
6	7	8	9	10	11 Veteran's Day	12
13	14	15	16	17	18	19
20	21	22	23	24	25	26
27	28	29	30			

DECEMBER 2022

January 2023						
S	M	T	W	T	F	S
1	2	3	4	5	6	7
8	9	10	11	12	13	14
15	16	17	18	19	20	21
22	23	24	25	26	27	28
29	30	31				

SUNDAY	MONDAY	TUESDAY	WEDNESDAY	THURSDAY	FRIDAY	SATURDAY
				1	2	3
4	5	6	7 Pearl Harbor Remembrance Day	8	9	10
11	12	13	14	15	16	17
18	19	20	21	22	23	24 Christmas EVE
25 Christmas	26	27	28	29	30	31 New Year's EVE

Made in the USA
Coppell, TX
08 January 2022

71232884R00017